Reform des Zivilprozesses

Von

Dr. Ernst Springer
Justizrat in Berlin

Springer-Verlag Berlin Heidelberg GmbH 1911

ISBN 978-3-662-38649-1 ISBN 978-3-662-39507-3 (eBook)
DOI 10.1007/978-3-662-39507-3

Vorwort.

Die Mängel unseres Zivilprozesses stellen sich dem großen Publikum zwar in ihren Wirkungen, nicht aber in ihren Ursachen dar.

Die Unkenntnis über den inneren Zusammenhang der Hergänge des Verfahrens hat zur Folge, daß die Wirkungen seiner Mängel, welche namentlich in einer ungebührlichen und überaus nachteiligen Dauer der Prozesse sich zeigen, vom Publikum wie etwas nun einmal unvermeidliches ertragen werden.

In Wahrheit können aber diese Verhältnisse durch eine Änderung des Verfahrens ungemein verbessert werden. Die Wege hierzu zu weisen und das bestehende Verfahren im einzelnen umzugestalten vermögen nur die Fachjuristen, die prozessual durchgebildeten Richter und Anwälte. Sie bedürfen aber der Unterstützung durch die Allgemeinheit, welche laut die Stimme zu erheben hat zu der Forderung eines besseren, zugleich kurzen und gründlichen Rechtsganges.

Um daher auch einem weiteren Kreise Gelegenheit zu eigenem Einblick zu geben, sind im nachstehenden einige der wichtigsten Fragen prozessualer Natur erörtert worden, ohne jede Beifügung wissenschaftlichen oder juristisch-technischen Materials und ohne Anführung der einschlägigen Gesetzesparagraphen, welche dem Fachmann geläufig, dem Laien ein lästiges Beiwerk sein würden.

Berlin, im Oktober 1911.

Dr. Ernst Springer.

Unter den Richtern wie unter den Anwälten besteht seit Jahren die Überzeugung von der Notwendigkeit der Verbesserung unseres Zivilprozeßverfahrens. Diese Überzeugung hat gesetzgeberisch bisher zu einem wesentlichen Eingriff nur in das Verfahren vor den Amtsgerichten unter Erweiterung ihrer Zuständigkeit geführt. Es kann dahingestellt bleiben, ob der hiermit erreichte unverkennbare Fortschritt an sich groß genug ist, um es zu rechtfertigen, daß man die grundsätzliche Reform einstweilen auf den Amtsgerichtsprozeß beschränkte, um sie wenigstens für diesen Teil früher ins Leben zu rufen. Keinesfalls darf diese Teilreform zur Folge haben, daß man die Inangriffnahme der Arbeiten weiter hinausschiebt, welche zu einer zeit- und sachgemäßen Gestaltung des ordentlichen Zivilprozeßverfahrens vor den Landgerichten und Oberlandesgerichten erforderlich sind.

Die am 1. Oktober 1879 in Kraft getretene Reichs-Zivilprozeßordnung stellte zur Zeit ihrer Verkündung eine große Tat dar. Sie schuf zum ersten Male für das ganze Gebiet des Deutschen Reiches ein einheitliches Verfahren, und ihre Verfasser haben sie mit nicht genug anzuerkennender Sorgfalt und mit unbedingter Folgerichtigkeit auf denjenigen Prinzipien aufgebaut, welche damals von der ganzen Juristenwelt als die unentbehrlichen Grundlagen eines modernen Verfahrens erkannt wurden, nämlich auf der Öffentlichkeit, auf der Mündlichkeit und Unmittelbarkeit des Verfahrens, und auf dem Betriebe durch die Parteien.

So stellt die nunmehr seit 32 Jahren in Kraft bestehende Zivilprozeßordnung ein bewundernswürdiges Werk dar, und der nicht in der Praxis stehende Jurist mag sich erstaunt fragen, wie es denn komme, daß dies hervorragende Gesetz in seiner Anwendung nicht diejenigen Erfolge zeitigt, welche erwartet werden mußten.

Es setzt aber in der Tat unsere Zivilprozeßordnung zu ihrer gedeihlichen Anwendung eine Fülle hervorragender Eigenschaften sowohl bei dem zur Beschlußfassung und Urteilsfällung berufenen Richter, als auch bei dem mit dem eigentlichen Betriebe des Prozesses betrauten Anwalte voraus, in gewissem Umfange selbst bei der Partei, aus deren Hand der Anwalt das Material an Tatsachen und Beweismitteln zu erhalten hat. Da, wo diese Eigenschaften nur in minderem Maße vorhanden sind, oder im Drange der Arbeit und der Geschäfte abgeschwächt werden, versagt die Z. P. O. mehr oder weniger, das Verfahren wird mitunter zum Zerrbilde eines führerlos hin- und hergleitenden Prozesses, dessen Dauer und Verlauf den Beteiligten dann oft vom Zufall und nicht von der ehernen Notwendigkeit des Rechts abhängig erscheint.

Solche prozessualen Mißbildungen häufen sich begreiflicherweise in den großen Städten, wo ohnehin die Fülle und Mannigfaltigkeit des Prozeßstoffes die höchsten Anforderungen an Richter und Anwalt stellen.

A.

Das jetzige Verfahren führt zu einer Zeitverschwendung. Das Gesetz erkennt als maßgeblich nur das an, was mündlich dem Gericht vorgetragen wird. Ohne mündliche Verhandlung kein Beweisbeschluß, kein Urteil, nicht einmal Versäumnisurteil oder Anerkenntnisurteil. Im Landgerichtsprozeß müssen also jedesmal gleichzeitig zugegen sein die drei Richter des Kollegiums und die beiden Anwälte der Parteien. Vor jeder Zivilkammer des Landgerichts sind fortgesetzt Termine abzuhalten, welche lediglich formaler Natur sind, aber störend, hindernd und verzögernd auf die Termine in den übrigen Sachen einwirken. Könnten sie fortfallen und durch einen Akt ersetzt werden, welcher nicht die gleichzeitige Anwesenheit mehrerer Richter und eines oder mehrerer Anwälte erfordert, so würde Zeit gewonnen für die unentbehrlichen mündlichen Verhandlungen der anderen Streitsachen.

Die Anwälte, welche bei größeren Gerichten an ein und demselben Sitzungstage vor mehreren Kammern Termine mit wechselnden Gegnern wahrnehmen müssen, befinden sich jetzt in einer dauernden Jagd, um des Gegners habhaft zu werden, mit welchem sie in der nächsten Sache aufzutreten haben. Andererseits muß oft genug das Richterkollegium beschäftigungslos pausieren, weil eben, durch die konkurrierenden Termine behindert, die Anwälte der nächsten auf der Rolle stehenden Sachen nicht erscheinen.

An den großen Gerichten sind die Mittel, um den hierdurch entstehenden Nachteilen abzuhelfen, einigermaßen ausgebildet worden. Die Anwälte schreiben auf einer Tafel im Anwaltszimmer die Nummern derjenigen Säle nieder, in welchen sie im Laufe des Tages zu tun haben. Sie machen entsprechende Vermerke auf den in den einzelnen Sälen ausliegenden Terminzetteln. Sie benachrichtigen sich gegenseitig, die Gerichtsboten, unter Umständen die Vorsitzenden der Kammer, wo sie mit großer Wahrscheinlichkeit zu finden sein werden. Trotz alledem und trotz des besten Willens aller Beteiligten ist täglich ein großer Zeitverlust festzustellen, welcher wesentlich vermindert werden kann, wenn es gelingt die Zahl der Termine einzuschränken. Die Wirkung dieses Zeitverlustes ist eine außerordentlich nachteilige. Gewiß suchen die Richter die durch Ausbleiben von Anwälten freiwerdende Zeit durch die Erledigung der sogenannten Beschlußsachen auszufüllen, welche nach dem jetzigen Gesetz einer mündlichen Verhandlung nicht bedürfen (Anträge auf Bewilligung des Armenrechtes, Arreste, einstweilige Verfügungen, Beschwerden und dergleichen mehr). Es ist dies aber ein Notbehelf, welcher geeignet ist, unter Umständen bei längerer Dauer der Beratung wiederum zur Benachteiligung der Terminsachen zu führen. Endlich erzeugt das gegenseitige Warten und die damit verbundene Unruhe auch eine der Verhandlung der späteren Sachen in ermüdetem Zustande nicht vorteilhafte körperliche und geistige Verfassung.

Es muß also ernstlich gestrebt werden, der Überspannung des Prinzips der mündlichen Verhandlung Herr zu werden, und es auf dasjenige Maß zurückzuführen, welches sich mit den strengen Anforderungen des praktischen Bedürfnisses verträgt.

Vom rein praktischen Standpunkte aus ist auch nicht einzusehen, weshalb z. B. zum Erlaß eines Versäumnisurteils eine mündliche Verhandlung, überhaupt ein Termin, also die gleichzeitige Anwesenheit der drei Richter des Kollegiums und des Anwalts der Partei erforderlich ist. Wenn sich eine Form finden läßt, in welcher die Interessen der Parteien voll wahrgenommen werden, ohne daß die gleichzeitige Anwesenheit dieser vier Personen an einer Stelle erforderlich sein würde, so sollte man zweckmäßig diese Form wählen. Das gleiche gilt im Falle eines Anerkenntnisurteils für fünf Personen.

Gewiß ist das Prinzip der Mündlichkeit, welches zu jenen hier beanstandeten Vorschriften geführt hat, an sich richtig. Das gesprochene Wort ist eindringlicher als das geschriebene, ist weniger Mißverständnissen ausgesetzt, die, wenn sie eintreten, auch leichter beseitigt werden können, und in mündlicher Rede und Gegenrede klären sich meist die Streitpunkte und Meinungsverschiedenheiten schneller und deutlicher, auch ist bei mündlicher Antwort ein Ausweichen auf gestellte Fragen eher zu verhindern. Aber man darf nicht vergessen, daß es doch Fälle gibt, in welchen die Schrift dem Wort überlegen ist. Namentlich Fälle, in denen, worauf es hier ankommt, sie die mehreren Beteiligten von gleichzeitiger persönlicher Gegenwart unabhängig macht.

Warum soll ein modernes Verfahren nicht auch die Vorteile der Schrift sich in vollem Umfange zu Nutzen machen dürfen, soweit nicht Nachteile für die Beteiligten damit verbunden sind?

Die erste Forderung wird also dahin gehen, den Termin für alle diejenigen Fälle zu beseitigen, in welchen die Natur der Sache nicht eine mündliche Verhandlung im Interesse der Parteien erfordert.

B.

Hand in Hand hiermit muß die Fürsorge des Gesetzes gehen, daß in denjenigen Fällen, in welchen die mündliche Verhandlung zu erfolgen hat, ergebnislose Termine mit ihrem bedauerlichen Verlust an Zeit und Arbeit vermieden werden. Solche werden aber durch das jetzige System gehäuft, welches auf die Klageschrift sofort einen Verhandlungstermin anberaumen läßt und jedesmal von neuem das Fortschreiten des Rechtsganges an die Anberaumung neuer Termine knüpft, ohne dem Richter oder betreibenden Anwalt auch nur ausreichende Machtmittel darzubieten, welche die vollständige Vorbereitung des Rechtsstreites bis zum nächsten Termine und hierdurch dessen erfolgreiche Abhaltung gewährleisten.

Es müssen Mittel gefunden werden, um einen Verhandlungstermin erst dann festzusetzen, wenn auch zu erwarten ist, daß die Verhandlung in demselben zu einem Ergebnis: Beweisbeschluß, Zwischenurteil, Endurteil, führen werde. Auch muß die Aufhebung eines bereits anberaumten Verhandlungstermins dem Gerichte ermöglicht werden, welches nachträglich die Zwecklosigkeit des Termins erkennt.

Zweifellos enthält die Z. P. O. bereits gewisse Ansätze, welche einem geschickten, energischen und wohlinformierten Vorsitzenden eine Handhabe bieten können, unter Umständen etwas ähnliches zu erreichen. So wird er durch Ansetzung eines nahen oder fernen Termins der anscheinenden Besonderheit der einzelnen Sache Rechnung zu tragen suchen, und bei offensichtlich unzureichender Vorbereitung einer Sache deren Termin von Amtswegen durch Gerichtsbeschluß zur Aufhebung bringen. Es sind dies aber Hilfsmittel, welche für die Mehrzahl der Fälle versagen. Wie manche nach der Klageschrift, selbst nach dem ersten Schriftwechsel, als höchst einfach betrachtete Sache, die deshalb mit nahem Termin versehen wird, entpuppt sich hernach als eine weitläufige, in welcher erst nach drei, vier vergeblichen Verhandlungsterminen ein Beweisbeschluß ergehen kann.

Die Möglichkeit einer Vertagung von Amtswegen gewährt die Z. P. O. bereits jetzt; aber die Gerichte schreiten höchst ungern zu einer solchen Maßnahme und überlassen das mit einer Vertagung in unserem ohnehin schleppenden Verfahren verbundene Odium lieber den Anwälten. Nicht selten wird eine auf Wunsch oder Anregung des Gerichts erfolgende Vertagung in eine auf Antrag der Anwälte stattfindende eingekleidet. Daher auch die Neigung, Vertagungen von Gerichtswegen erst im Termine selbst zu beschließen, weil auf den die Verantwortlichkeit anders verteilenden Vertagungsantrag der Anwälte gerechnet wird. Daß hierdurch eine volle Entlastung des arbeitsreichen Termintages verhindert wird, ist klar. Gleichzeitig mit der von Amtswegen erfolgenden Aufhebung des Verhandlungstermins ist nach dem gegenwärtigen Gesetz wieder ein Termin anzusetzen, ohne daß Gewähr für dessen tatsächliche Abhaltung besteht. Gewiß kann das Gericht im Falle solcher Vertagung Fristen für die einzureichenden Schriftsätze bestimmen. Die Anwälte ihrerseits sind für diese aber auf die Informationen der Parteien selbst angewiesen. Den Parteien wiederum ist genügend bekannt, wie wenig Bedeutung diese Fristsetzung hat, wie wenig ernst die Anberaumung des neuen Termins zu nehmen ist, und wie geringe Nachteile bei einer weiteren Vertagung derjenigen Partei drohen, die nicht gerade das Interesse an der Prozeßbeschleunigung hat. Wie oft erhält daher der eifrigste und pflichttreueste Anwalt das verlangte, meist erst von ihm selbst zu sichtende Material im letzten Augenblick oder verspätet und muß an den guten Willen des Gegners appellieren, um bei Versäumung der Frist eine neue Vertagung gemeinsam mit ihm zu beantragen, welche nach dem gegenwärtigen Gesetz das Gericht nicht verweigern kann. Man sage nicht, daß in dieser vorausgesetzten Zustimmung des gegnerischen Anwalts eine unstatthafte, besser zu vermeidende Konnivenz liege. In den meisten Fällen würde die Unterlassung der Zustimmung dennoch eine Vertagung nicht hindern. Denn wird ihm der auf Grund des neuen Materials gefertigte Schriftsatz dann wirklich noch verspätet zugestellt, so ist es sehr fraglich, ob er sich bis zum Termine darauf seinerseits noch ausreichend informieren kann. Wird ihm dies aber auch möglich, so kann er der Regel nach nicht erwarten, daß das Gericht sich als genügend vorbereitet betrachten und die Verhandlung durchführen wird. Weshalb also nicht zweckmäßiger der Vertagung zustimmen und damit zugleich im Interesse der eigenen Partei eine bessere Vorbereitung ihrer Erwiderung ermöglichen? Dazu kommt, daß der mit seinem Vertagungsgesuch abgewiesene Gegner nach dem Gesetz ein in vielen Fällen wirkungsvollstes Mittel in der Hand hat, mit einem gewissen Opfer an Kosten die Terminsverlegung tatsächlich zu erzwingen. Bleibt er nämlich einfach im Termine fort, so kann in keinem Stadium des Prozesses sein Gegner mehr erreichen, als ein Versäumnisurteil, gegen welches (wenn es nicht das zweite ist und unmittelbar auf ein erstes folgt) dem Versäumenden der Einspruch zusteht, der den Prozeß wieder in den früheren Zustand versetzt. Äußerstenfalls braucht also z. B. die klagende Partei dies Mittel nicht zu scheuen, und die beklagte Partei nicht in den Fällen von Feststellungsklagen und dergleichen, selbst bei Leistungsklagen nicht, wenn die vorliegende Vollstreckbarkeit von Sicherheitsleistungen abhängt, die der Gegner nicht stellen kann. Diese durch kein Machtmittel des Gerichts oder des Gegners abwendbare Einschaltung des Versäumnisverfahrens führt somit in zahlreichen Fällen zur Hinausschiebung des Verhandlungstermins. Ihre bloße Statthaftigkeit macht auch den unwilligen Gegner und seinen Anwalt geneigt, dem unerwünschten Antrage auf Terminverlegung zuzustimmen.

Vorhin wurde die Terminhäufung vom Standpunkte der Ersparnis an Zeit und Arbeitskraft für Richter wie Anwälte betrachtet. Es bedarf nicht erst der Hervorhebung, daß darüber hinaus die soeben behandelte Vervielfältigung der Termine eine Verlängerung der berechtigten Dauer der Prozesse zur

Folge hat, über welche das den Einzelheiten ferner stehende große Publikum am meisten klagt, und welche unbedingt verhindert werden muß.

C.

Es ist oben darauf hingewiesen worden, daß die Z. P. O. das Prinzip der Mündlichkeit überspannt hat. Dies zeigt sich auch in der Rolle, welche dem schriftlichen Vorbringen der Parteien zugewiesen ist.

Die Schriftsätze im ordentlichen Verfahren sind einschließlich der Klageschrift für die Z. P. O. nur vorbereitende. Es ist nicht völlig klargestellt, ob hier nur an eine Vorbereitung des Gegners, oder auch an eine Vorbereitung des Gerichts gedacht war. Obwohl die Praxis allgemein zu der letzteren Auffassung übergegangen ist, sind doch auch nach ihr die Schriftsätze ziemlich bedeutungslos, solange ihr Inhalt in der mündlichen Verhandlung nicht vorgetragen ist. Es sind nur wenige Beziehungen, in welchen die Z. P. O. den Schriftsätzen und ihrem Inhalt eine selbständige Tragweite zukommen läßt. Nicht einmal das im Schriftsatz enthaltene Zugeständnis von Tatsachen, welche die Gegenpartei behauptet hatte, ist an sich wirksam; es hindert die Partei nicht am Bestreiten der Tatsachen in der mündlichen Verhandlung. Läßt die Partei die in den vorbereitenden Schriftsätzen enthaltenen Behauptungen durch ihren Anwalt in der mündlichen Verhandlung anders vortragen, so ist nur das Vorgetragene maßgebend.

Nach dem Geiste der Z. P. O. darf der Richter nur das mündlich Vorgetragene berücksichtigen, muß daher eigentlich vergessen, was er in den Schriftsätzen vielleicht anders schon gelesen hat. So wird aber das Verfahren tatsächlich nicht gehandhabt. Vielmehr nehmen im Einvernehmen mit dem Gericht, oft gerade auf dessen Anregung, die Anwälte in wesentlichen Punkten des mündlichen Parteivorbringens einfach Bezug auf die Schriftsätze, mit der Bitte, deren Inhalt als vorgetragen zu betrachten. Dies geschieht in bezug auf die Einzelheiten selbst dann, wenn der ganze Rahmen des Rechtsstreits sowie die Rechtslage ausführlich mündlich vorgetragen werden. In anderen Fällen beschränkt sich der Vortrag auf die Hervorhebung von Einzelheiten, während im übrigen auf die Schriftsätze verwiesen wird.

Dies durch das dringendste Bedürfnis geforderte Verfahren widerspricht dem Wortlaut und dem Geiste der gegenwärtigen Z. P. O. Es verdient gesetzgeberische Anerkennung. Weshalb soll z. B. eine ausführliche und komplizierte auf vielfachen Zahlenreihen beruhende rechnerische Nachweisung mündlich vorgetragen werden, wenn sie schriftlich dem Gericht vorliegt, welches im übrigen der mündlichen kaum folgen kann, und sie hernach keinesfalls ohne schriftliche Unterlage prüfen kann? Weshalb sollen lange Parteiausführungen tatsächlicher Natur, über deren Vollständigkeit und Klarheit beide Parteien und das Gericht einig sind, erst in stundenlangem Vortrage dem Gericht mündlich vorgeführt werden, dem sie schon schriftlich vorliegen.

Die gesetzliche Anerkennung eines Verfahrens, welches in wesentlichen Punkten dem Gericht und den Parteien die unmittelbare Benutzung des schriftlich vorliegenden Materials ermöglicht, wird auch zu besserer schriftlicher Vorbereitung und Ordnung des Prozeßstoffes führen. In dem jetzigen Verfahren finden sich vielfach Schriftsätze, in welchen unvollständiges Parteivorbringen nicht genügend verarbeitet und nicht in hinreichend klares Verhältnis zu dem Vorbringen des Gegners gebracht worden ist. Man merkt diesen Schriftsätzen den Gedankengang des Verfahrens an: es ist ja nur ein vorbereitender Schriftsatz, auf welchen es nicht ankommt, die mündliche Verhandlung wird Gelegenheit geben, die Unvollständigkeit, Unklarheit oder Fehlerhaftigkeit zu bessern. Kommt es hernach zur mündlichen Verhandlung, so stellt sich wiederum der Gedanke ein, daß ja alles ausführlich schriftlich vorbereitet ist, und es wird der Antrag gestellt, den Inhalt der Schriftsätze als vorgetragen anzusehen. Daß ein tüchtiger Vorsitzender, welcher die Sache eingehend bearbeitet hat, hier eingreifen und die Sache klarzustellen suchen wird, ist selbstverständlich. Aber die Befugnis hierzu steht ihm erst in der mündlichen Verhandlung zu, und die erst im Termin aufgedeckte Unvollständigkeit einzelner Parteierklärungen wird dann zu einer Vertagung, also einem neuen Termin, somit zu Zeitverlust und Prozeßverlängerung führen.

Gibt es ein Mittel dadurch, daß man den Schriftsätzen eine erhöhte Bedeutung im Verfahren beilegt, ihre Verfasser von vornherein zur Beschaffung vollständiger tatsächlicher Informationen und zur Ordnung und Klarheit im Schriftsatz zu nötigen, so wird eine der Quellen für die Vervielfältigung von Terminen verstopft.

D.

Nach dem jetzigen Gesetz tritt auf Grund der erhobenen Klage das Gericht nur insoweit in Aktion, als es einen Verhandlungstermin anberaumt. Auch der weitere Schriftsatzwechsel läßt das Gericht untätig. Gibt man aber den theoretischen Grundgedanken auf, daß der Inhalt der Schriftsätze erst durch mündlichen Vortrag für das Gericht in Betracht komme, so steht nichts im Wege, bereits an den Schriftsatzwechsel eine ernste materielle Mitarbeit des Gerichts anzuknüpfen.

Weshalb soll das Gericht dem geordneten oder ungeordneten schriftlichem Vorbringen der Parteien gegenüber zu völliger Passivität verurteilt sein und aus dieser erst heraustreten dürfen, sobald die mündliche Verhandlung beginnt? Ist es nicht ein Gebot der Zweckmäßigkeit, eine vorbereitende Tätigkeit des Gerichts schon in diesem Stadium eintreten zu lassen?

Wenn das Gericht oder der Vorsitzende die Befugnis erhält, schon während des Schriftsatzwechsels die Parteien auf Unvollständigkeit oder Unklarheit ihrer Erklärungen oder des Beweisanerbietens und dergleichen aufmerksam zu machen und Ergänzungen nach diesen Richtungen hin zu fordern, so wird hierin eine wertvolle Vorbereitung der mündlichen Verhandlung liegen, eine größere Wahrscheinlichkeit für die Durchführung des bevorstehenden Termins gewonnen werden, und zugleich einer Verzögerung des Prozesses vorgebeugt werden können.

Das jetzige Verfahren führt eben das Parteiprinzip mit einer Konsequenz durch, welche mit den praktischen Bedürfnissen in Widerspruch steht.

Gewiß handelt es sich im Zivilprozeß mit wenigen besonders geordneten Ausnahmen um reine Privatrechte der Parteien, welche deren freier Verfügung unterliegen, und bei welchen es ihnen unbenommen ist selbst zu bestimmen, ob und wie weit sie ihre Rechte jeweilig geltend machen oder darauf Verzicht leisten wollen. Im Gegensatz zum Strafprozeß wird daher aus natürlichen Ursachen der Zivilprozeß den Parteien die freieste Bewegung in bezug auf die streitigen Ansprüche und ihre Verteidigung oder Bekämpfung einräumen müssen.

Ob es aber richtig ist, den Parteien die alleinige Herrschaft in diesem Verfahren zuzuweisen, kann füglich bezweifelt werden. Die grundsätzliche Zuweisung des Prozeßbetriebes an die Parteien drängt das Gericht vielfach in die Rolle eines hilflosen Zuschauers zurück, welchem erst in ganz bestimmten Augenblicken ein Eingreifen gestattet wird. Und doch liegt dem Gericht die wichtigste und ernsteste Aufgabe ob, die Wahrheit des beiderseitigen Parteivorbringens an der Hand der dargebotenen Beweismittel zu ergründen, und auf den alsdann festgestellten Tatbestand die Rechtsregeln anzuwenden, zwecks Entscheidung über die streitigen Ansprüche. Die Höhe dieser dem Gericht zugewiesenen Aufgabe steht in einem gewissen Widerspruch zu seiner derzeitigen Stellung in bezug auf die Prozeßleitung.

Die Erkenntnis dessen zeigt sich bereits in der Richtung, welche die Reform des amtsgerichtlichen Verfahrens nach Vorgang des österreichischen Prozesses eingeschlagen hat.

Es ist nicht von der Hand zu weisen, daß die Reform des landgerichtlichen Prozesses an dieser Stelle ganz energisch einzusetzen hat.

Freilich kann nicht verkannt werden, daß dieser Punkt der umstrittenste der Reform sein wird. Weite Kreise, namentlich in der Anwaltschaft, stehen mit Abneigung und Besorgnis Vorschlägen gegenüber, welche auf eine bedeutende Stärkung der Machtbefugnisse des Gerichts oder Vorsitzenden in bezug auf die Leitung des Prozesses abzielen. Die vielfach äußerst ernste Kritik, welche an der Tätigkeit unserer Gerichte und ihren Entscheidungen geübt wird, richtet sich in den meisten Fällen nicht sowohl gegen die rein juristische Seite ihrer Erkenntnisse, als gegen ihre Stellung zu dem Tatsachenmaterial. Es wird ihnen eine schiefe Beurteilung der tatsächlichen Verhältnisse vorgeworfen, innerhalb deren Rahmens die streitigen Ansprüche zur Entstehung gelangten. Es wird behauptet, daß die Fühlung der Richter zu dem Publikum, zu dessen Lebensanschauungen, Bedürfnissen und Denkungsweise verloren gegangen sei, und daß der Zusammenhang der Richter mit den unendlich verschiedenen Formen und Bedingungen des vielgestaltigen wirtschaftlichen und Verkehrslebens der Gegenwart sich gemindert habe, oder mit dessen gewaltiger Entwicklung nicht gleichmäßig fortgeschritten sei. Die Folgen zeigen sich nach vielfacher Annahme in einer allerdings aus manchem Beweisprotokoll hervorgehenden Unbehilflichkeit bei der Vernehmung von Zeugen über streitige tatsächliche Vorgänge, aber auch darin, daß so häufig richterliche Beurteilungen von Verhältnissen des modernen kaufmännischen oder gewerblichen Lebens mit den Anschauungen der betroffenen wirtschaftlichen Kreise im Widerspruch ständen Man fürchte, daß unser heutiger Richterstand nicht voll der Aufgabe gewachsen sein werde, welche ihm durch eine schärfere Betonung der Prozeßleitung zugewiesen werden würde.

Diesem Bedenken ist nicht zuzustimmen. Richtig ist freilich, daß die volle Wirksamkeit einer jeden Prozeßordnung schließlich von der Güte des Menschenmaterials abhängt, welches sie anzuwenden hat. Richtig ist ferner, daß nach einer weitverbreiteten Meinung die bestqualifizierten jüngeren Juristen seit einiger Zeit die Neigung bewiesen haben, andere Wege einzuschlagen, als die Richterlaufbahn, welche früher gerade das höchste Ziel gewesen ist. Trotzdem würde ein Pessimismus, wie er sich in der oben wiedergegebenen Anschauung ausspricht, unbegründet sein; um so mehr, als in immer steigendem Maße die Bestrebungen für eine gründlichere, vielseitigere und praktischere Vor- und Ausbildung unserer Juristen, also auch der künftigen Richter, unterstützt und gefördert werden.

In Österreich hat man gute Erfahrungen mit der Stärkung der Prozeßleitung durch das Gericht und den Vorsitzenden gemacht und eine Konzentrierung des Prozesses unter merklicher Abkürzung seiner Dauer herbeigeführt; ein ähnliches wird auch bei uns zu erreichen sein.

E.

Die Mitwirkung, welche das Gericht im vorbereitenden Stadium des Schriftsatzwechsels erhält, wird einerseits zu einem früheren, gründlicheren Durcharbeiten des Prozeßstoffes durch das Gericht, andererseits zu einer schnelleren Ordnung desselben durch die Parteien führen. Hierzu ist aber weiter erforderlich, daß den Parteien die Pflicht auferlegt wird, in ihren Schriftsätzen über eine deutliche und vollständige, aber knappe, bestimmt gehaltene Darstellung des Sachverhalts nicht hinauszugehen. Weitschweifige Wiederholungen des eigenen Vorbringens, welche durch das jetzt nicht zu verhindernde stückweise Vorbringen der Behauptungen der anderen Partei verursacht und begünstigt werden, werden sich eher vermeiden lassen, wenn beide Parteien mit Erfolg genötigt werden können, ihr Material an Behauptungen und Beweismitteln ohne Verzug vollständig darzubieten. Jedem Juristen ist bekannt, in welchem Maße die Arbeit durch solche Wiederholungen erschwert wird, welche sich nicht immer in jedem Punkte mit den früheren Darstellungen decken. Auch eine schärfere Trennung der tatsächlichen und der rechtlichen Ausführungen, als sie sich jetzt vielfach in den Schriftsätzen findet, wird anzustreben sein. Wie weit es statthaft und ausführbar ist, nach diesen Richtungen hin erzwingbare gesetzliche Anordnungen zu treffen, kann freilich zweifelhaft sein. Aber die Erfahrung zeigt, daß je präziser, klarer, schneller ein Gericht oder sein Vorsitzender arbeitet, um so mehr auch die Schriftsätze der Parteien an diesen Eigenschaften gewinnen.

F.

Das Prinzip der Unmittelbarkeit beherrscht auch die Vorschriften der Z. P. O. über das Beweisverfahren.

Gerade hier steht jedoch die Praxis im denkbar stärksten Gegensatz zu dem angenommenen Prinzip.

Das Gesetz geht davon aus, daß die Beweisaufnahme vor dem erkennenden Gericht stattzufinden hat, welches die Zeugen und Sachverständigen selbst hört, ebenso wie es die Urkunden sich selbst vorlegen läßt und den Augenschein selbst einnimmt. Es soll eben unmittelbar einen Eindruck von der Glaubwürdigkeit der befragten Personen, der Sicherheit ihres Erinnerungsvermögens, von ihrer Sach- und Fachkenntnis, ihrem Bildungsgrade und ihrer Ausdrucksweise erhalten; alles überaus wichtige Momente für die Beurteilung des Ergebnisses der Beweisaufnahme. In Anbetracht der Wichtigkeit des unmittelbaren Eindrucks der Beweisaufnahme für das erkennende Gericht sind die Fälle, in welchen es durch die Umstände genötigt wird, die Beweisaufnahme anderweit stattfinden zu lassen, als die Ausnahme behandelt worden. Man hat nun im Gesetz nicht dafür Sorge getragen, daß die in den vermeintlichen Ausnahmefällen für das erkennende Gericht fortgefallene Unmittelbarkeit der Beweisaufnahme durch ausreichende Surrogate ersetzt werde.

Der Gesetzgeber hat sich aber geirrt. Jene Fälle sind nicht Ausnahmen, sondern die Regel. Es ist bei den größeren Gerichten, und selbst bei einer großen Zahl der kleineren, zur

Regel geworden, daß die Beweisaufnahme durch Vernehmung von Zeugen — es genügt, diesen Hauptfall zu betrachten — nicht vor dem erkennenden Gericht stattfindet. Die von der Z. P. O. als Ausnahme behandelten Fälle umfassen das Ersuchen an auswärtige Gerichte um Vernehmung von Personen, welche sich im Bereiche des anderen Gerichts befinden, und den Auftrag an ein einzelnes Mitglied des erkennenden Gerichts, wenn die Aufnahme des Beweises namentlich wegen dessen Umfangs vor dem Prozeßgericht nicht tunlich erscheint.

Nun haben sich die Fälle der auswärtigen Beweisaufnahme außerordentlich gehäuft. Die gewaltige Steigerung des Verkehrs hat die Beziehungen der Gewerbe- und Handeltreibenden, aber auch der Privaten nach auswärts ungemein vervielfältigt, so daß die zum Prozeß Anlaß gebenden Handlungen und Vorgänge sich nicht mehr wie in einfacheren Verhältnissen regelmäßig in dem engen Kreise der im Gerichtssprengel wohnhaften Personen abspielen. Andererseits hat sich aus den gleichen Ursachen die Beweglichkeit der Bevölkerung ganz ungemein vervielfältigt, so daß auch der Wechsel des Wohnsitzes viel öfter, als vom Gesetzgeber angenommen, zu auswärtiger Zeugenvernehmung nötigt.

Trotzdem beschränkt sich die Mehrzahl der Beweisaufnahmen auf den Gerichtssprengel selbst. Aber auch hier haben die Gerichte davon Abstand nehmen müssen, die Beweisaufnahme vor dem Kollegium streng durchzuführen. Der Umfang der ihnen sonst in den Terminen zugewiesenen Beschäftigung und deren Zeiterfordernis ist zu groß hierfür; sie müssen sich damit begnügen, die Erledigung so ziemlich jeder umfangreicheren Beweisaufnahme einem einzelnen Mitgliede des Kollegiums zu übertragen.

In beiden Fällen kann von einem unmittelbaren Eindruck der Beweisaufnahme auf das Kollegium nicht mehr gesprochen werden. Es erhält von dem auswärtigen ersuchten Richter ein Protokoll über die von diesem bewirkte Beweisaufnahme, nicht anders als in einem vollständig schriftlichen Verfahren.

Bei der Beweisaufnahme durch das beauftragte Mitglied des Kollegiums ist es nur insofern anders, als dieses Mitglied wenigstens persönlich einen lebendigen Eindruck hat gewinnen können, welcher unter Umständen, aber auch nur mittelbar, dem Kollegium zugute kommen mag.

Jedoch ist auch hier nicht zu vergessen, daß bei längerer Dauer des Prozesses vor dem Landgericht mit einem Wechsel in der Zusammensetzung des Kollegiums gerechnet werden muß. Ist durch einen solchen der beweisaufnehmende Richter vor Entscheidung des Rechtsstreites ausgeschieden, so steht das gesamte Kollegium seinem Protokoll nicht anders gegenüber, als dem des auswärtigen ersuchten Richters.

Hierbei darf nicht vergessen werden, daß in Preußen die Zahl der Zivilkammern der Landgerichte mit einem, mitunter zwei Assessoren als Mitgliedern eine große ist, daß gerade diesen als den jüngeren Richtern die Sachen mit umfangreicher Beweisaufnahme gern zugewiesen werden, und daß für einen Assessor die erhöhte Wahrscheinlichkeit eines Ausscheidens aus der Kammer besteht.

Man muß also an der Hand der Erfahrung davon ausgehen, daß in einer sehr großen, wenn nicht der überwiegenden Zahl von Fällen die Zivilkammer des Landgerichts die Beweisaufnahme nur mittelbar kennen lernt.

Da die Verhältnisse, welche hierzu führen, gegebene sind und voraussichtlich nicht wesentlich geändert werden können, so folgt daraus mit Notwendigkeit, daß das Gesetz die nur zu mittelbarer Kenntnis des erkennenden Gerichts führende Beweisaufnahme mit besonderen Kautelen umgeben muß. Es muß namentlich im Falle der auswärtigen Beweisaufnahme dafür gesorgt werden, daß sie sich ebenso vollständig und erschöpfend vor dem einzelnen Richter abspielt, wie vor dem Kollegium, und von ihm so ausführlich zu Protokoll festgestellt wird, daß dem Kollegium annähernd ein Ersatz für die eigne Beweisaufnahme gewährt wird.

Nun spielt sich das Verfahren vor dem beauftragten auswärtigen Richter tatsächlich unter den ungünstigsten Bedingungen ab.

Dieser Richter erhält ein mitunter außerordentlich umfangreiches Aktenstück zugesandt, mit dem Ersuchen, nach Maßgabe eines darin befindlichen Beweisbeschlusses einen oder mehrere Zeugen zu vernehmen. Es hat zwar nach dem Gesetz dieser Beschluß die Bezeichnung der streitigen Tatsache, über welche der Beweis zu erheben ist, und die Bezeichnung der Partei, welche sich auf den Zeugen berufen hat, zu enthalten. Dies reicht aber nicht entfernt aus, um dem der Sache fernstehenden ersuchten Richter ein Bild von dem Streitfall in seiner Totalität zu geben. Ganz abgesehen davon, daß tatsächlich die Beweisbeschlüsse der gesetzlichen Vorschrift oftmals nur in der denkbar knappsten Form genügen, lernt der ersuchte Richter aus ihnen nur einen oder mehrere einzelne Punkte und Ausschnitte des Streitstoffes kennen, nicht den Zusammenhang des Ganzen. Beschränkt er sich vor der Vernehmung des Zeugen auf die durch den Beweisbeschluß erlangte Kenntnis, so ist er bei einigermaßen komplizierten Bekundungen des Zeugen nicht in der Lage, zu beurteilen, wie weit sie zur Sache gehören. Er ist dann leicht geneigt, Teile der Bekundung als über den Rahmen des Beweisbeschlusses hinausgehend zu betrachten, welche für das erkennende Gericht, wenn es sie erfahren würde, von größter Wichtigkeit wären, welche aber auf diese Weise in dem Protokoll keine Aufnahme finden und für das erkennende Gericht verloren gehen.

Sind die Parteien bei der Beweisaufnahme vor dem auswärtigen Richter vertreten, was aus begreiflichen Gründen, schon der Kostenfrage halber, keineswegs die Regel bildet, so wird freilich der aufmerksame Vertreter derjenigen Partei, welche ein Interesse an der ausgedehnteren Behandlung des Beweisthemas hat, den Antrag auf Protokollierung stellen und durch Erläuterung des Zusammenhanges begründen; auch wird ein solcher Parteivertreter selbst durch entsprechende Fragen an den Zeugen dessen Aussage zweckmäßig zu erweitern suchen. Die Erfahrung zeigt aber eine weitverbreitete, fast grundsätzlich zu nennende Abneigung der beauftragten Richter, Fragen an die Zeugen zuzulassen, welche ihnen über den engstaufgefaßten Wortlaut des Beweisbeschlusses hinauszugehen scheinen. Die Zulässigkeit der Frage wird dann dem Prozeßgericht zu beurteilen überlassen, welches darüber nach geraumer Zeit im Besitze des fertig abgeschlossenen Beweisprotokolles zu befinden hat. Günstigstenfalls wird in der nächsten mündlichen Verhandlung vor dem Prozeßgericht mit ungemeinem Zeitverlust die Ergänzung der Beweisaufnahme in der beantragten Richtung beschlossen, der ganze Apparat nochmals aufgeboten, und der Zeuge vor dem ersuchten Richter erneut befragt.

Tritt dann etwa noch der Umstand hinzu, daß der Zeuge eine unzuverlässige Persönlichkeit ist, mit seinen Aussagen zurückhält, oder dazu neigt, sie zugunsten einer Partei zu färben, so wird die stückweise erfolgte und protokollierte Aussage vor dem ersuchten Richter niemals das Bild ersetzen, welches bei einheitlicher Vernehmung durch einen über den ganzen Prozeßstoff wohl informierten Richter gewonnen worden wäre.

Ein sorgfältig arbeitender gewissenhafter Richter, an den das Ersuchen ergeht, den Beweis zu erheben, sollte sich daher nicht auf die Kenntnisnahme des Beweisbeschlusses beschränken. Man versetze sich aber in seine Lage: An den größeren Amtsgerichten gibt es besondere Abteilungen für die Erledigung der Beweisersuchen anderer Gerichte. Der eine solche Abteilung leitende Richter hat Tag für Tag Termine abzuhalten, in welchen ihm nichts obliegt, als ein Bruchstück von Arbeit zu leisten. Denn ebensowenig, wie er die zur Beweisaufnahme führenden Prozesse vorher gekannt hat, ebensowenig erfährt er nach Erledigung der Beweisaufnahme etwas über ihren ferneren Verlauf, die Widersprüche der von ihm vernommenen Zeugen bleiben für ihn ungeklärt. Die Beweisaufnahme in der einen Sache wird von der Beweisaufnahme in einer anderen

Sache abgelöst, ohne Ende. Er weiß dies von vornherein bei jeder an ihn herantretenden neuen Sache, welche daher nicht den Anreiz einer abgeschlossenen Arbeit ausüben kann. Unter diesen Umständen ist es menschlich begreiflich, wenn der ersuchte Richter nur in seltenen Fällen dazu schreitet, durch ein intensives Studium in umfangreichen, mitunter tatsächlich verworrenen Prozessen sich vor der Beweisaufnahme ähnlich zu informieren, wie das Prozeßgericht bei Erlaß des Beweisbeschlusses informiert war. Hierzu kommt, daß aus dem Beweisbeschluß, welcher sich jetzt oft nur auf einzelne Punkte erstreckt, vielfach gar nicht ersichtlich ist, in welchem Verhältnis er zu der Rechtsansicht des Gerichts über den ganzen Prozeßstoff gedacht ist. Der ersuchte Richter muß also damit rechnen, daß er bei gründlicher Vorarbeit vergebliche Zeit opfert, und wird daher geneigt, seine Kenntnis der Akten auf diejenigen Punkte zu beschränken, welche er bei oberflächlichem Durchsuchen als mit dem Beweisthema im Zusammenhang stehend betrachtet.

Man muß zugeben, daß die Prozeßordnung nichts getan hat, um dem ersuchten Richter seine Aufgabe zu erleichtern, und daß sie dadurch die ungünstigsten Vorbedingungen für die Verwendbarkeit des Ergebnisses seiner Beweisaufnahme geschaffen hat.

In neuerer Zeit sind einzelne Vorsitzende zu dem Versuch übergegangen, eine Abhilfe zu schaffen, welche die Z. P. O. nicht vorsieht, aber auch nicht ausschließt, indem sie in den Ersuchungsschreiben diejenigen Punkte hervorheben, auf welche ihrer Ansicht nach bei Erledigung des Beweisbeschlusses der ersuchte Richter besonderen Wert zu legen habe, wobei sie zugleich die auf den Beweispunkt sich beziehenden streitigen Behauptungen der Parteien in Kürze wiedergeben.

An dieser Stelle dürfte angeknüpft werden müssen. Es darf nicht dem ersuchten Richter zugemutet werden, durch mühseliges, unter Umständen zum großen Teile zweckloses Aktenstudium sich ein vielleicht doch von der Auffassung des ersuchenden Gerichts abweichendes Bild des Prozesses und seiner

Lage zu machen. Vielmehr muß ihm dies Bild von derjenigen Stelle aus fertig vorgelegt werden, welche seine Tätigkeit in Anspruch nimmt.

Hierbei wird zweckmäßigerweise nicht nur der engumgrenzte Ausschnitt des eigentlichen Beweisthemas, sondern die Gesamtheit der tatsächlichen Behauptungen beider Parteien dargestellt werden müssen. Denn es grenzen sich eben in den Vorkommnissen des Lebens die einzelnen Tatsachen, Handlungen und Äußerungen nicht so scharf voneinander ab, wie es nach den Schriftsätzen der Parteien und den vom Gesetz begünstigten präzisen Beweisantritten erscheinen könnte. Ebenso wie das erkennende Gericht Kenntnis von dem gesamten Prozeßstoff hat und danach, wenn es selbst den Beweis erhebt, die Wichtigkeit oder Unwichtigkeit auch nebensächlicher Bekundungen des Zeugen ermessen kann, muß auch dem ersuchten Richter diese breitere Grundlage für seine Tätigkeit gewährt werden. Am besten wird dies dadurch geschehen, daß in allen Fällen, in welchen der Beweis nicht von dem erkennenden Gericht selbst erhoben wird, der Beweisbeschluß mit einem vollständigen Tatbestand, wie ihn jetzt die Urteile haben (nicht etwa mit Gründen) ausgestattet wird.

Es ist nicht zu befürchten, daß die Ausstattung des Beweisbeschlusses mit einem Tatbestand das Arbeitsmaß des Gerichts wesentlich vergrößern wird. Denn nichts wird im Wege stehen, in dem späteren Urteile auf den Tatbestand des Beweisbeschlusses Bezug zu nehmen, oder geeignetenfalls ihn wortgetreu dort einzurücken, und unter Hinweis auf die Beweisprotokolle die späteren Erweiterungen oder Ergänzungen des Tatbestandes anzufügen.

Wird der Beweisbeschluß mit einem Tatbestande versehen, so wird dadurch dem ersuchten auswärtigen Richter sofort ein klares, übersichtliches Bild sowohl des ganzen Prozeßstoffes als auch der augenblicklichen Lage des Prozesses gegeben. Er wird ganz anders als nach dem jetzigen Verfahren in den Stand gesetzt, die Bedeutung der einzelnen Teile der Aussage des

Zeugen zu beurteilen. Es wird somit die Wahrscheinlichkeit erhöht, daß das von ihm aufgenommene Protokoll alles aus der Zeugenaussage wiedergibt, was dem erkennenden Gericht von Wichtigkeit ist.

In einer besseren Lage als der ersuchte auswärtige Richter ist bei der Beweisaufnahme der dem Kollegium selbst angehörige beauftragte Richter, da ihm der Prozeßstoff und das Verhältnis des Beweisthemas zu demselben bekannt sein muß. Man könnte daher zweifeln, ob auch im Falle des Auftrages an ein Mitglied des Kollegiums der Beweisbeschluß einen Tatbestand enthalten soll. Es empfiehlt sich aber dringend, die durch den Tatbestand gebildete Erläuterung und Verständlichmachung des in dem Beschlusse enthaltenen Beweisthemas nur dann fortzulassen, wenn der Beweis auch vor dem ganzen Kollegium aufgenommen wird; denn ein solcher Tatbestand vermindert die Gefahren eines so leicht vor dem beauftragten Richter aus Anlaß von Fragen an den Zeugen entstehenden Streites der Parteien untereinander, oder mit ihm, ob diese oder jene Behauptung in der mündlichen Verhandlung vorgebracht worden sei oder nicht.

Ein gemeinsamer Grund, aus welchem die Beweisaufnahmen sowohl durch den beauftragten wie durch den ersuchten Richter bei ihrer mittelbaren Einwirkung auf das erkennende Gericht nicht vollwertig sind, liegt in der Art der Abfassung der Beweisprotokolle.

Das Gesetz schreibt vor, daß der Zeuge zu veranlassen ist, dasjenige, was ihm vom Gegenstand seiner Vernehmung bekannt ist, im Zusammenhange anzugeben. Nötigenfalls soll der Richter weitere Fragen stellen zur Aufklärung und zur Vervollständigung der Aussage und zur Erforschung des Grundes, auf welchem die Wissenschaft des Zeugen beruht. Solche Fragen dürfen auch die Parteien beantragen und ihre Anwälte selbst an den Zeugen richten.

Diese Vorschrift ist zweckmäßig, sobald unbefangene, klardenkende Personen, welche zugleich ein gutes Erinnerungsvermögen haben, vernommen werden sollen. Solche Zeugen haben aus dem ihnen bei der Ladung mitgeteilten Beweisthema entnommen, worauf sich ihre Vernehmung erstrecken soll, haben sich die betreffenden Vorgänge ins Gedächtnis zurückgerufen und werden sie dann bei ihrer Vernehmung einigermaßen geordnet darstellen und auf Grund der erwähnten besonderen Fragen vervollständigen oder erläutern.

Wohnen dem Zeugen aber nicht alle jene wünschenswerten Eigenschaften bei, so gestaltet sich das Bild sofort anders. Kommt noch hinzu, daß etwa der Zeuge es nicht gewohnt ist vor Gerichten oder anderen Behörden persönlich zu erscheinen, so wird eine gewisse Scheu sich seiner bemächtigen, welche geeignet ist, im Augenblick die Klarheit, sei es seiner Erinnerung, sei es seiner Darstellung, zu trüben. Kurz, die Erfahrung zeigt, daß das, was das Gesetz als Regel voraussetzt — nämlich daß der Zeuge zunächst im Zusammenhange angibt, was ihm von der Sache bekannt ist —, zur Ausnahme wird, und daß gleich im Anfange der Richter und die Parteien mit der Vorlegung von Fragen einsetzen müssen. Die Aussage des Zeugen wird in diesem Falle zu wesentlichem Teile in der Beantwortung von Fragen bestehen. Solche Antworten sind in ihrer Bedeutung und Tragweite in sehr vielen, wenn nicht den meisten Fällen nur im Zusammenhange mit der betreffenden Frage verständlich. Jedenfalls ist es für die Beurteilung einer protokolliert vorliegenden Zeugenaussage ungemein von Wichtigkeit zu wissen, ob und inwieweit der Zeuge sie ohne weiteres aus seiner Erinnerung oder stückweise auf Vorlegung von Fragen, und zwar von welchen, erstattet hat. Das Protokoll gibt aber hierüber nur in den seltensten Fällen Auskunft. Im allgemeinen beginnt der Richter mit der Protokollierung erst, nachdem die Vernehmung des Zeugen über das ganze Beweisthema oder wenigstens über einen selbständigen Abschnitt desselben vollständig beendet ist. Der Richter faßt dann dasjenige, was er schließlich als Eindruck von der Wissenschaft des Zeugen erhalten hat, in direkter Rede als von dem Zeugen fortlaufend bekundet zusammen. Diese Niederschrift läßt nicht erkennen, ob und wie weit die

Vorgänge dem Zeugen von vornherein in Erinnerung gewesen sind, oder ob er zu ihrer Bekundung erst durch Fragen des Richters oder der Parteien veranlaßt worden ist; sie läßt nicht erkennen, ob der Zeuge eine anfänglich andere Darstellung im Laufe der Vernehmung, sei es aus sich heraus, sei es auf Befragen geändert hat. Sie liest sich meist als eine einheitlich, geschlossen und sicher aus dem Munde des Zeugen gekommene Bekundung.

Alle jene Momente aber sind für den erkennenden Richter von der denkbar größten Bedeutung. Das Prinzip der dem erkennenden Gericht obliegenden freien Beweiswürdigung setzt unbedingt die Kenntnis dieses Gerichts von der Art des Zustandekommens der nicht vor ihm abgegebenen Zeugenaussage voraus, ohne welche ein Urteil über die, sei es subjektive, sei es objektive Glaubwürdigkeit der Bekundung kaum gewonnen werden kann.

Es sollte daher in allen Fällen, in welchen die Beweisaufnahme nicht unmittelbar vor dem alsbald erkennenden Kollegium stattfindet, die Vorschrift bestehen, daß das Protokoll den Gang der Vernehmung wiederzugeben und zwischen dem zu unterscheiden hat, was der Zeuge von selbst im Zusammenhange angab, und demjenigen, was auf Befragen bekundet wurde; auch von einem etwaigen Wechsel in der Aussage muß dies gelten.

Da begreiflicherweise nicht gefordert werden kann, daß alle und jede Schattierung der Aussage Aufnahme in das Protokoll findet, so muß es jeder Partei gestattet sein, in den ihr besonders wichtig erscheinenden Fällen die Zuziehung eines vereideten oder besonders zu vereidenden Stenographen auf ihre eigenen nicht erstattungsfähigen Kosten zu verlangen.

Auf diese Weise dürfte ein annähernder Ersatz für die unmittelbare Aufnahme des Beweises durch das erkennende Gericht geschaffen werden.

G.

Der völligen Umgestaltung bedarf derjenige Teil des Beweisverfahrens, welcher sich mit dem Eide der Parteien befaßt. Der Eid der Partei im Zivilprozeß ist lediglich ein letztes Hilfsmittel, wenn die sonstige Beweisaufnahme versagt oder lückenhaft bleibt. Eine Partei, welche für ihre Behauptuugen anderen Beweis nicht beschaffen kann, schiebt der Gegenpartei darüber den Eid zu, das heißt, sie verlangt, daß die Gegenpartei das Gegenteil von dem beschwöre, was die beweispflichtige Partei behauptet hat. Es ist ein minutiöses System ausgebildet worden, das bestimmt, in welchen Fällen die zweite Partei den Eid wieder an die erste zurückschieben darf, so daß diese die Wahrheit ihrer eigenen Behauptung beschwöre, und in welchen Fällen eine solche Zurückschiebung nicht statthaft ist. Nach diesem System ist auch geordnet, in welchen Fällen der Eid in der Wahrheitsform („es ist nicht wahr, daß" oder „es ist wahr, daß"), in welchen Fällen er in der Überzeugungsform zu leisten ist, wobei z. B. wieder unterschieden wird, ob die schwurpflichtige Partei zu beschwören habe, daß sie nach sorgfältiger Prüfung und Erkundung die Überzeugung erlangt hat, daß die Tatsache nicht wahr sei, oder ob sie nur zu beschwören habe, daß sie die Überzeugung nicht erlangt hat, daß die Tatsache wahr sei.

Der Eid der Partei in der Z. P. O. ist ein durch und durch formalistisches Element geblieben, welches mit dem Prinzip der freien Beweiswürdigung in einem unlösbaren Widerspruch steht. Die Fälle gehören nicht zu den Seltenheiten, in welchen das Gericht durch die Bestimmungen der Z. P. O. genötigt ist, einen zugeschobenen und angenommenen Eid für die schwurpflichtige Partei zu formulieren und abzunehmen in der vollen inneren Überzeugung, daß die Behauptungen der Gegenpartei glaubwürdiger seien als die des Schwurpflichtigen. Zwar hat auch hier das bisherige System den von altersher geläufigen Ausweg vorgesehen, daß das Gericht selbst nach eigenem Ermessen der einen oder der anderen Partei über die streitigen

Tatsachen den Eid auferlegen kann, falls das Ergebnis der Verhandlungen und einer etwaigen Beweisaufnahme nicht ausreicht, um die Überzeugung des Gerichts von der Wahrheit oder Unwahrheit zu begründen. Erfahrungsmäßig wird aber von diesem richterlichen Eide der Regel nach nur Gebrauch gemacht, wenn eine Beweisaufnahme die Behauptungen der einen Partei wenigstens wahrscheinlich gemacht hat. Die theoretische Möglichkeit, auch ohne dies die Ausführungen der einen Partei für glaubwürdiger als die der anderen zu halten, führt tatsächlich kaum jemals zu einem richterlichen Eide. Dies schon um deswillen, weil der Richter im Anwaltsprozeß keine Handhabe hat, um vor seiner Entschließung sich einen persönlichen Eindruck von beiden Parteien auch gegen ihren Willen zu verschaffen. Es ist nur ein schwacher Ansatz dazu gegeben, in dem Rechte des Gerichts, die Parteien zur Aufklärung des Sachverhältnisses zu laden.

Die durch den Eid bekräftigten Tatsachen gelten für den Prozeß ein für allemal als bewiesen, ein Gegenbeweis in diesem Verfahren ist in allen Instanzen nicht mehr statthaft. Dieser strenge Formalismus des Eides und seiner Folgen hat zur Konsequenz, daß der richterliche Eid immer, der zugeschobene oder zurückgeschobene Eid der Regel nach, durch Urteil anzuordnen ist. Dieses Urteil ist seiner Form nach ein bedingtes, da es neben der Eidesnorm sowohl die Folge der Leistung als die Folge der Nichtleistung des Eides aussprechen muß.

Das ganze schwerfällige System ist im Grunde nur historisch verständlich und steht nicht außer Zusammenhang mit dem Gottesurteil und den Zweikämpfen im mittelalterlichen Prozeß. Die Fesseln, welche es dem Richter und den Parteien auferlegt, müssen in der heutigen Zeit verschwinden. So ist denn auch anderwärts, z. B. in Italien und neuerdings in Österreich, ein völlig anderes System ausgebaut worden, nämlich das der richterlichen Befragung der Parteien.

Das Recht des Richters, von beiden Parteien zu verlangen, daß sie sich nötigenfalls zur verantwortlichen Befragung stellen, ermöglicht eine wesentliche Vermehrung der Unterlagen für seine Entscheidung. Ein unmittelbarer Zwang für die Parteien zu erscheinen und sich vernehmen zu lassen wird natürlich nicht ausgeübt werden können. Wohl aber ein mittelbarer insofern, als dem Richter unbenommen bleiben muß, aus dem verweigerten Erscheinen oder einzelnen verweigerten Antworten nach freiem Ermessen seine Schlüsse zu ziehen.

Die Anordnung der Vernehmung der Parteien, sei es auf Antrag (entsprechend der bisherigen Eideszuschiebung) oder sei es von Amtswegen (entsprechend dem bisherigen richterlichen Eide) wird erst nach geschlossener sonstiger Beweisaufnahme zu gestatten sein. Es wird endlich dem Ermessen des Richters überlassen bleiben müssen, ob er das Ergebnis der uneidlichen Befragung der beiden Parteien nach freiem Ermessen für seine eigne Überzeugung über die Wahrheit oder die Unwahrheit von Tatsachen als ausreichend betrachten, oder ob er auf Grund des Ergebnisses der uneidlichen Befragung die eine von ihm auszuwählende Partei beeidigen will. Die Gründe, aus welchen eine Partei, ähnlich wie Zeugen, berechtigt sein soll, die Antwort auf bestimmte Fragen zu verweigern, werden im Gesetz festgelegt werden können; ebenso die in der Person der Partei liegenden Gründe, welche ihre beeidete Vernehmung ausschließen.

Nach allen diesen Richtungen hin ist die österreichische Z. P. O. in glücklicher Weise vorgegangen. Das Hilfsmittel der Vernehmung der Parteien bietet, wie auf der Hand liegt, immerhin eine Handhabe zur Ergründung der objektiven Wahrheit, während die Leistung oder Nichtleistung des zugeschobenen oder auferlegten Eides das Urteil des Gerichts schließlich nicht von dessen Überzeugung, sondern von der Überzeugung der schwörenden Partei, unter Umständen lediglich von deren Gewissenhaftigkeit abhängig macht.

Es kommt hinzu, daß gerade die gewissenhafte Partei erfahrungsmäßig oft davor zurückschreckt einen Eid anzunehmen oder zu leisten, welcher in knapper, starrer Form umschrieben ist, aus Besorgnis, es könne nach erfolgter Eidesleistung sich herausstellen, daß irgendein, wenn auch nebensächlicher Punkt nicht hinreichende Beachtung in der Eidesformel gefunden habe. Dieselbe Partei wird aber bei gleicher Gewissenhaftigkeit kein Bedenken tragen, auf richterliche Fragen in freier Rede selbst unter nachträglicher Beeidung so zu antworten, wie sie die Vorgänge nach sorgfältiger Prüfung mit Bestimmtheit in der Erinnerung hat. Wohl jedem Richter und Anwalt sind Fälle bekannt, in welchen die Gewissensnot gerade besonders vorsichtiger und gewissenhafter Personen in bezug auf Leistung formulierter Eide von raffinierten Gegnern schonungslos ausgenutzt worden ist; Fälle, in welchen anscheinend der Prozeß von vornherein auf die Schaffung einer Zwangslage, entweder schwören oder zahlen zu müssen, gerichtet war, Fälle, in denen der dann erzwungene Vergleich eine in den äußeren Formen des Gesetzes sich abspielende Erpressung bildete. Einem derartigen Mißbrauch wird durch den Fortfall des überlebten, entbehrlichen und mit dem Wesen eines modernen Prozeßverfahrens nicht verträglichen Instituts des Parteieides der Boden entzogen.

H.

Einen ungünstigen Einfluß auf die Gestaltung der Prozesse haben auch die Grundsätze der Z. P. O., welche den Richter nötigen, im Falle eine Partei im Termin zur mündlichen Verhandlung nicht erscheint, alles unbeachtet zu lassen, was diese schriftlich vorgebracht hat, ja auch dasjenige unbeachtet zu lassen, was sie in einem früheren Termin mündlich vorgebracht hat. Erscheint der Kläger im Termin nicht, so ist er auf Antrag durch Versäumnisurteil abzuweisen, selbst wenn die voraufgegangene Beweisaufnahme die Behauptungen der rechtlich schlüssigen Klage bewiesen hat. Erscheint der Beklagte nicht, so ist er auf Antrag durch Versäumnisurteil zu verurteilen, selbst wenn die voraufgegangene Beweisaufname die Behauptungen der Klage widerlegt, oder die rechtlich schlüssigen Einwendungen des Beklagten bewiesen hat; das Gesetz fingiert im Falle des Nichterscheinens, daß der Beklagte die tatsächlichen Behauptungen der Klage zugesteht.

So zweckmäßig diese Vorschrift für den ersten Verhandlungstermin sein mag, in welchem beide Parteien ihre Ansprüche und ihre Einwendungen vorzubringen haben, so wenig zweckmäßig ist es, daß beim Ausbleiben einer Partei im späteren Termine alles das einfach unberücksichtigt bleiben soll, was sich vor dem Gericht im Rechtsgange abgespielt hat.

Das Versäumnisverfahren im Laufe des Prozesses, also nach Abschluß der ersten mündlichen Verhandlung, ist einmal entbehrlich und sodann schädlich.

Will eine Partei nach mündlicher Verhandlung vor Gericht ihren Anspruch nicht weiter verfolgen, oder fallen lassen, oder den Anspruch des Gegners anerkennen, oder dessen anfänglich bestrittene Behauptungen nicht weiter bestreiten, so mag sie eine dahingehende Erklärung abgeben und hierdurch die Unterlage für eine endgültige Entscheidung des Gerichts schaffen. Mag man ihr den Entschluß dazu durch eine geeignete Bestimmung des Gerichtskostengesetzes erleichtern, eine Notwendigkeit auf dem Wege des Versäumnisverfahrens dies zu ermöglichen, liegt nicht vor.

Bewegt sich aber die Absicht der nicht erscheinenden Partei nicht in diesen Richtungen, so verbirgt sich der Regel nach dahinter nichts anderes, als der Wunsch, unter dem Opfer der Kosten eines Versäumnisurteiles Zeit zu gewinnen. Dies zu begünstigen ist nicht die Aufgabe des Gesetzgebers. Hat die Partei triftige Gründe, um die Verlängerung einer Frist oder die Hinausschiebung eines Termins zu wünschen, so mag sie einen dahingehenden Antrag dem Gericht zur Entscheidung unterbreiten. Stehen ihr nicht anzuerkennende Gründe zur Seite, so hat sie auch kein Recht, mit dem Hilfsmittel des Versäumnisverfahrens die Entscheidung des Gerichts zu verzögern.

Demgemäß empfiehlt es sich dringend, den Grundsatz, daß der im Termin abwesende Beklagte das tatsächliche Vorbringen des Klägers zugestehe, sowie daß der im Termin nicht erschienene Kläger auf Antrag abzuweisen sei, nicht über diejenige mündliche Verhandlung hinaus anzuwenden, in welcher das Sach- und Streitverhältnis zuerst vorgetragen werden soll. Nur bis zu diesem Zeitpunkte sollte ein dem Einspruch zugängliches Versäumnisurteil gestattet werden. Für alle übrigen Verhandlungen wird verlangt werden können, daß das Gericht das in früherer mündlicher Verhandlung von dem nunmehr nicht Erschienenen Vorgebrachte, ebenso auch das Ergebnis seitheriger Beweisaufnahmen voll berücksichtigt, und auf Antrag der Gegenpartei eine materielle, nicht dem Einspruch, sondern der Berufung unterliegende Entscheidung trifft.

J.

Während die Z. P. O. im ordentlichen Verfahren den Parteien die denkbar freieste Hand in bezug auf den Zeitpunkt des Vorbringens von Tatsachen und Beweismitteln läßt und dadurch Verzögerungen des Verfahrens, Vertagungen der Termine, Vervielfältigung der Beweisbeschlüsse, mit der üblen Wirkung vergeblichen Aufwandes von Zeit und Arbeitskraft für die mitwirkenden Personen begünstigt, gewährt sie in einem besonderen Falle ein vortreffliches Mittel, die Parteien zu zwingen, ihre Behauptungen und Beweismittel rechtzeitig vorzubringen und nachträgliches Vorbringen auszuschließen.

Denn das Gericht kann ein „vorbereitendes Verfahren“ vor einem beauftragten Richter anordnen, wenn es sich in dem Prozeß um die Richtigkeit einer Rechnung, eine Vermögensauseinandersetzung oder ähnliche Verhältnisse handelt, bei denen eine erhebliche Zahl von Punkten streitig ist. Der beauftragte Richter hat dann in einem besonderen Termine die einzelnen Punkte mit den Parteien durchzugehen und deren Vorbringen dazu **festzustellen**. Erscheint eine Partei in diesem Termine nicht, so ist das Vorbringen der erschienenen Partei zu Protokoll festzustellen, ein neuer Termin anzuberaumen und die nicht erschienene Partei unter schriftlicher Mitteilung des Protokolles zu laden. Erscheint sie dann wieder nicht, so gelten die gegnerischen Behauptungen des zugestellten Protokolles als zugestanden. Nach Abschluß des vorbereitenden Verfahrens vor dem beauftragten Richter findet sodann die mündliche Verhandlung vor dem erkennenden Gericht statt. In dieser Verhandlung ist das Ergebnis des vorbereitenden Verfahrens maßgebend, neue Ansprüche und Beweismittel, überhaupt neue Angriffs- und Verteidigungsmittel können nur vorgebracht werden, wenn sie später entstanden oder der Partei später bekannt geworden sind.

Es ist klar und wird durch die Praxis bestätigt, daß dies vorbereitende Verfahren zwar zu einer größeren Anzahl von Terminen vor dem beauftragten Richter führen kann, falls nämlich die Streitpunkte zahlreich und mannigfaltig sind; daß aber die damit verbundene Eventualmaxime, das heißt der Ausschluß verspäteten Vorbringens, außerordentlich vorteilhaft für die weitere Verhandlung, die Beweisaufnahme und Entscheidung des Gerichts ist und stark beschleunigend wirkt.

Dies Verfahren ist einer Ausdehnung und eines Ausbaus fähig.

Einmal wird die Anordnung des Verfahrens nicht an einen Beschluß des Gerichts auf Grund mündlicher Verhandlung geknüpft zu werden brauchen. Der Regel nach wird die Eignung des Streitfalles für das vorbereitende Verfahren bereits in einem früheren Stadium erkennbar, meist ergibt sich dies schon aus der Klagebeantwortung, mitunter selbst aus der Klage.

Weshalb dann erst die Notwendigkeit einer mündlichen Verhandlung, in der nur beschlossen wird, das vorbereitende Verfahren vor einem beauftragten Richter einzuleiten? Man wird deshalb dem Gericht die Befugnis zu diesem Beschluß ohne vorherige mündliche Verhandlung übertragen können, es wird auch nichts im Wege stehen, im Beginn des Prozesses solange eine Verhandlung vor dem Kollegium noch nicht stattgefunden hat, dem Vorsitzenden für sich das Recht zu geben, auf Antrag einer Partei unter Umständen das vorbereitende Verfahren anzuordnen.

Das Verfahren wird aber alsdann nicht einzuschränken sein auf die jetzt nach der Z. P. O. allein dafür in Betracht kommenden Rechnungs- und Auseinandersetzungssachen, sondern auf alle diejenigen Fälle ausgedehnt werden können, in welchen zur Beschleunigung und Vereinfachung des Verfahrens eine besondere Ordnung und Sichtung des nach den Schriftsätzen vorhandenen Materials erforderlich erscheint.

Es wird sich empfehlen, das vorbereitende Verfahren ferner dann zuzulassen, wenn es dem Gericht zur Herbeiführung vollständiger und rechtzeitiger Erklärungen der Parteien erforderlich erscheint. Es ist hierbei insbesondere an Fälle zu denken, in welchen eine Partei die ihr für die Einreichung von Schriftsätzen vom Gericht oder dem Vorsitzenden gestellte Frist nicht einhält, oder wenn ihre Erklärungen trotz Erinnerns unvollständig oder unklar bleiben, und deshalb ein alsbaldiger Termin vor dem erkennenden Gericht voraussichtlich ergebnislos bleiben würde.

Der Regel nach schließt sich an das vorbereitende Verfahren des beauftragten Richters ein vom Kollegium im nächsten Termine erlassener Beweisbeschluß, dessen Erledigung wiederum, weil umfangreich, dem gleichen beauftragten Richter übertragen wird.

Es dürfte nun wohl keinem ernsten Bedenken unterliegen, dem Gericht die Machtbefugnis zu verleihen, von vornherein den Richter des vorbereitenden Verfahrens auch mit dem Beschluß und der Erhebung der Beweise zu betrauen, soweit es sich nicht um das Beweismittel der Vernehmung der Parteien handelt. Bei angemessenem Gebrauche dieser Ermächtigung wird wesentlich Zeit gewonnen und die Beweisaufnahme beschleunigt werden. In dem gedachten Falle würde dem beauftragten Richter auch das Recht zustehen müssen, zu auswärtigen Beweisaufnahmen sich unmittelbar an die dieserhalb zu ersuchenden Gerichte zu wenden. Dem erkennenden Gericht bleibt es in der darauffolgenden mündlichen Verhandlung selbstverständlich unbenommen, einen ihm unvollständig erscheinenden Beweisbeschluß, ebenso wie eine etwa unvollständige Ausführung desselben seinerseits zu vervollständigen. Andererseits wird man dem beauftragten Richter das Recht zugestehen müssen, sich der Fassung des Beweisbeschlusses zu enthalten und ihn dem gesamten Kollegium zu überlassen, falls die Frage, ob und in welchem Umfange der Beweis zu erheben sei, ihm von rechtlich schwierigen Momenten abzuhängen scheint. Einem Antrag der Parteien, daß der Beweisbeschluß von dem Kollegium selbst nach mündlicher Verhandlung über das Ergebnis des vorbereitenden Verfahrens zu fassen sei, wird ebenfalls Folge gegeben werden müssen.

K.

Auch die Behandlung der prozeßhindernden Einreden der Unzuständigkeit des Gerichts, der Unzulässigkeit des Rechtsweges usw. bietet ein Feld für die reformatorische Tätigkeit. Der Beklagte hat nach der Z. P. O. auf Grund derselben das Recht, die Verhandlung zur Hauptsache zu verweigern. In solchem Falle muß über die Einrede vorab durch ein Urteil entschieden werden, dessen Rechtskraft vielfach erst im Instanzenzuge erkämpft werden muß. Nun kann freilich auf Antrag das Gericht anordnen, daß bereits vor Rechtskraft des die Einrede verwerfenden Urteils zur Hauptsache zu verhandeln sei. Aber diese Verhandlung schwebt gewissermaßen in der Luft: wird während oder nach der weiteren Verhandlung das die Einrede verwerfende Urteil in letzter Instanz aufgehoben, so hat man völlig vergeblich zur Hauptsache verhandelt. Dies ist insbesondere bei dem Einwande der örtlichen Unzuständigkeit des angerufenen Gerichts von großer Tragweite. Denn nun muß der Kläger die gleiche Klage bei einem anderen Gericht anhängig machen, ohne daß dem neuen Verfahren die in dem ersten Prozesse auf Anordnung des Gerichts geführte Verhandlung zur Hauptsache zugute kommt. Daß hierdurch ein großer Verlust an vergeblich aufgewandter Zeit und Arbeit entsteht, liegt auf der Hand.

Es müssen daher Mittel gefunden werden, dem vorzubeugen.

Ein solches Mittel bietet sich im Falle des Einwandes der örtlichen Unzuständigkeit des Gerichts dar, wenn bestimmt wird, daß der Beklagte — vorausgesetzt, daß er Inländer ist — mit diesem Einwand nur gehört wird, falls er zugleich das von ihm als zuständig gewollte inländische Gericht bezeichnet und während des weiteren Rechtsganges an die Anerkennung der Zuständigkeit desselben gebunden bleibt.

Man könnte dann dem Kläger das Recht geben, die Verweisung des Prozesses an dieses Gericht durch Gerichtsbeschluß zu beantragen. Dieser Antrag müßte dem Kläger während des ganzen Verfahrens in erster Instanz zustehen, solange nicht ein Urteil zur Hauptsache ergangen ist.

Die Bindung des Beklagten an das von ihm einmal als zuständig bezeichnete Gericht und der Antrag des Klägers, den Prozeß an dieses Gericht zu überweisen, machen den neuen Gerichtsstand zu einem vereinbarten. Der Überweisungsbeschluß des Gerichts kann daher unter obigen Voraussetzungen für unanfechtbar erklärt, und an ihn ohne Beeinträchtigung der Parteirechte bei angemessener Regelung der Kostenfrage die Wirkung geknüpft werden, daß bei dem neuen Gericht, welchem die Akten zu übersenden sind, der Prozeß in unveränderter Rechtshängigkeit und in dem Zustande fortgeführt werde, in welchem er sich bei dem überweisenden Gerichte befand.

Diese Bestimmung wird nebenbei in zahlreichen Fällen die Wirkung haben, daß die verzögerliche Einrede der örtlichen Unzuständigkeit überhaupt nicht erhoben wird, nämlich in der Mehrzahl der Fälle, in welchen sie dem Beklagten nur einen erwünschten Aufschub der gefürchteten Verurteilung verschaffen soll.

I.

Zu den wichtigsten Garantien, mit welchen das Gesetz das Verfahren im Zivilprozeß umgeben hat, gehören die Rechtsmittel.

Die Überzeugung von der Notwendigkeit, dem ordentlichen Prozesse drei Instanzen zu eröffnen, ist in Deutschland unerschütterlich, so daß es zu einer grundsätzlichen Erörterung der Frage einer Verminderung dieser Instanzen in absehbarer Zeit nicht kommen dürfte. Dies um so weniger, als die Erweiterung der Zuständigkeit des Amtsgerichts einerseits, und die Erhöhung der Revisionssumme andererseits die Anzahl der revisionsfähigen Prozesse ohnehin vermindert und den Kreis der auf höchstens zwei Instanzen angewiesenen Prozesse entsprechend erweitert hat.

Eine Verkürzung der Prozeßdauer durch Verminderung der Instanzenzahl ist daher als ausgeschlossen zu betrachten. Um so mehr muß das Verfahren in den einzelnen Instanzen konzentriert werden. Dies geschieht zurzeit nur in der Revisionsinstanz. Dem Verfahren in der Berufungsinstanz vor dem Oberlandesgericht mangelt es hieran in hohem Grade, und dies ist in vielen Fällen eine Ursache der langen Dauer der Prozesse.

Nach der Z. P. O. kann jede Partei in der Berufungsinstanz nicht nur Erklärungen nachholen, welche sie in erster Instanz über Tatsachen, Urkunden, Eideszuschiebungen unterlassen oder verweigert hat, sondern auch neue Tatsachen behaupten, neue Beweise antreten, gleichgültig, ob sie ihr schon in erster Instanz bekannt waren und aus welchem Grunde sie bisher nicht vorgebracht waren. Von dem ganzen Ergebnis der erstinstanzlichen Verhandlung bleibt unbedingt feststehend eigentlich nur ein gerichtliches Geständnis, die Annahme oder Zurückschiebung eines Eides und die Leistung oder Verweigerung oder Erlassung eines Eides.

Die hierdurch den Parteien gegebene Freiheit bleibt nicht ohne Rückwirkung auf das Verfahren in erster Instanz. Denn die Gewißheit, etwaige Versäumnisse bei Anbringung von Angriffs- oder Verteidigungsmitteln, beim Vorbringen oder Bestreiten von Tatsachen, bei der Anführung von Beweismitteln hernach ungestraft in der Berufungsinstanz nachholen zu können, führt in nicht seltenen Fällen zu weniger ernsthafter und gründlicher Verhandlung der Sache durch die Parteien in dem erstinstanzlichen Verfahren. Gerade in solchen Fällen verschwindet hernach in der Berufungsinstanz das, was in der ersten Instanz verhandelt wurde, vollständig. Selbst Beweisaufnahmen aus erster Instanz können dann in der Beleuchtung des neuen Vorbringens und daran anschließender neuer Beweisaufnahmen kaum verwendet werden.

Bei unbefangener Prüfung ist aber nicht anzuerkennen, daß innere, in der Natur der Sache liegende Gründe zur vollständig neuen Eröffnung des Rechtsstreites in der Berufungsinstanz nötigen. Es ist keine Härte für die Partei, welche den Richter anruft, oder welche vor den Richter gefordert wird, wenn man von ihr verlangt, daß sie sich das auf den Rechtsstreit beziehende Material an Behauptungen, Beweismitteln, Angriffsmitteln und Verteidigungsmitteln rechtzeitig und vollständig beschafft. Dies fordert schließlich auch das jetzige Verfahren, welches als Frist das Ende der letzten mündlichen Verhandlung in der Berufungsinstanz festsetzt, und für die Revisionsinstanz jegliches neue Vorbringen ausschließt.

Es fragt sich daher nur, ob die grundsätzliche Einschränkung der Statthaftigkeit neuen Vorbringens bis zum Schluß der letzten mündlichen Verhandlung erster Instanz eine Ungerechtigkeit gegen eine der Parteien enthalten wird.

Von einer solchen kann aber offenbar nur die Rede sein, so weit es sich um Tatsachen oder Beweismittel handelt, welche der Partei erst nachträglich bekannt geworden sind, oder um solche, welche sie ohne ihr Verschulden in der ersten Instanz nicht vorgebracht hat.

Schränkt man die Statthaftigkeit neuen Vorbringens in der Berufungsinstanz hierauf ein, so wird man einen wirkungsvollen Druck auf die Parteien ausüben, den Prozeßstoff bereits in erster Instanz erschöpfend darzulegen. Gleichzeitig wird man dem Berufungsgericht die Arbeit wesentlich erleichtern; das Berufungsgericht wird in den meisten Fällen der Aufgabe enthoben sein, ein mehr oder weniger ungeordnetes Material wie in erster Instanz erst wieder zu sichten. Dies wird wiederum sowohl der Gründlichkeit als auch der Schnelligkeit der Behandlung in zweiter Instanz zugute kommen und zur Abkürzung der Dauer der Prozesse beitragen.

Es würde über den Rahmen der gegenwärtigen Darstellung hinausführen, wenn jede einzelne Einrichtung der Z. P. O. auf ihre zweckmäßigere Ausgestaltung hin betrachtet werden würde.

Zweck dieser Darstellung ist lediglich, die Reformbedürftigkeit und die Reformfähigkeit unseres Zivilprozesses zu beleuchten, die Aufmerksamkeit und das Interesse weiterer Kreise als der unmittelbar betroffenen Richter und Anwälte auf diese Aufgabe zu lenken und für ihre Lösung nur die Rücksichtnahme auf Zweckmäßigkeit zu empfehlen.

Druck von H. S. Hermann in Berlin.

GPSR Compliance

The European Union's (EU) General Product Safety Regulation (GPSR) is a set of rules that requires consumer products to be safe and our obligations to ensure this.

If you have any concerns about our products, you can contact us on ProductSafety@springernature.com

In case Publisher is established outside the EU, the EU authorized representative is:

Springer Nature Customer Service Center GmbH
Europaplatz 3
69115 Heidelberg, Germany

Batch number: 10844655

Printed by Printforce, the Netherlands